DARWINS EVOLUTIETHEORIE

Het ontstaan van soorten

DARWINS EVOLUTIETHEORIE

Het ontstaan van soorten

geschreven door Romain Parmentier
vertaald door Nikki Claes

DARWINS EVOLUTIETHEORIE

BELANGRIJKE INFORMATIE

- **Wanneer:** 24 november 1859

- **Waar:** Londen

- **Context:** Het wetenschappelijke debat over de oorsprong van soorten in de 19e eeuw.

- **Bijdragers:**

  - Charles Darwin, Brits natuuronderzoeker (1809-1882);

  - Alfred Russel Wallace, Brits reiziger en natuuronderzoeker (1823-1913).

- **Impact:**

  - Nieuwe opvatting over het ontstaan van soorten in de natuurlijke historie;

  - Schepping van darwinisme.

Op 24 november 1859 verscheen voor het eerst het boek *On the Origin of Species by Means of Natural Selection, or the Preservation of Favoured Races in the Struggle for Life*. Het boek, dat meerdere malen is herdrukt en in vele talen is vertaald, bracht de publieke opinie in de 19e eeuw in beroering. De auteur, Charles Darwin, beweerde dat alle soorten die op aarde leven het resultaat zijn van een langzame evolutie en dat zij blijven evolueren in een wanhopige strijd om te overleven. Echter, zijn deze soorten geen onveranderlijke wezens, die leven in een overvloedige natuur volgens de wil van God? De kloof tussen deze twee ideeën is opvallend.

Het duurde vele jaren voordat Charles Darwin zijn gedachten en zijn theorie had opgeschreven. Gefascineerd door de natuurwetenschappen, was het vooral zijn reis als naturalist aan boord van de *Beagle* die de basis legde voor zijn revolutionaire ideeën. Na zijn vertrek in december 1831 keerde het schip in oktober 1836 terug naar Engeland. Gedurende deze vijf jaar maakte de jonge wetenschapper van de gelegenheid gebruik om een groot aantal dier- en plantensoorten te verzamelen en te bestuderen. Hij onderging ook een reeks ervaringen die zijn kijk op de natuur voorgoed veranderden.

Bij zijn terugkeer verzamelde Charles Darwin zijn gedachten. In 1839 kwam hij tot de conclusie dat de soorten veranderingen ondergaan, wat een evolutie door natuurlijke selectie mogelijk maakt in de strijd om te overleven. Weggevreten door angst voor de gevolgen die een dergelijke wetenschappelijke ontwrichting zou kunnen hebben, nam Darwin twintig jaar de tijd om zijn werk te voltooien, in een poging antwoorden te geven aan degenen die het zouden betwisten en voor altijd de geschiedenis van de wereld te tekenen.

POLITIEKE, ECONOMISCHE EN SOCIALE CONTEXT

GROOT-BRITTANNIË OVER DE HELE WERELD

De 19e eeuw was ongetwijfeld het tijdperk van Groot-Brittannië. Inderdaad, het land waar Charles Darwin werd geboren was op zijn hoogtepunt. Hoewel de opkomst van de macht al vele decennia aan de gang was, versnelde deze opkomst vooral in de late 18e en 19e eeuw. Groot-Brittannië deed als eerste mee aan de industriële revolutie van ijzer, steenkool en de stoommachine, waardoor het een voorsprong kreeg op alle andere naties. De industrie ontwikkelde de Britse economie vervolgens aanzienlijk en Groot-Brittannië exporteerde steeds meer goederen, tot het de grootste economie ter wereld werd.

Een andere factor die het belang van het 19e-eeuwse Groot-Brittannië markeert, is het belang van zijn grondgebieden. Aan het einde van de vorige eeuw, toen het land na de Onafhankelijkheidsoorlog (1775-1783) zijn Amerikaanse koloniën verloor, bezat het niettemin nog Canada en vele gebieden in het Caribisch gebied. Door de macht van zijn marine te versterken, zette Groot-Brittannië zijn territoriale veroveringen onverbiddelijk voort. Dankzij vele expedities nam het bezit van Australië, Nieuw-Zeeland en vele eilanden in de Stille Oceaan. Bovendien werd India, dat door alle Europese landen zo begeerd was, geleidelijk door de Britten veroverd tussen 1757 en 1858, toen het gebied definitief onder het gezag van de Kroon kwam. Afrika was het onderwerp van een felle strijd tussen de Europese mogendheden in de tweede helft van de 19e eeuw. Groot-Brittannië bouwde er een waar imperium uit, met kolonies van Caïro tot Kaapstad.

De controle van Groot-Brittannië over de zeeën vloeide ook voort uit zijn overwinningen op Europese rivalen, te beginnen met Frankrijk. Na de oorlogen van de Franse Revolutie en de Napoleontische Oorlogen (1793-1815) schakelden de Britten eindelijk de Franse en Spaanse concurrenten uit, waardoor het land de eerste maritieme macht werd. Het Verdrag van Wenen van 1815 verleende Groot-Brittannië ook een reeks versterkte bases, zoals Gibraltar, Freetown (Sierra Leone), Sint-Helena, Kaapstad, Mauritius, Ceylon en Malta, die voortaan dienden om de communicatie tussen de kolonies en de metropool te verzekeren.

DE EEUW VAN DE WETENSCHAP

Als erfenis van de Verlichting, die tot doel had het Obscurantisme te bestrijden, werd het enthousiasme voor wetenschappelijk onderzoek voortgezet en versneld in een 19e eeuw die zowel romantisch als positivistisch was.

Op basis van het werk van de vader van de moderne scheikunde, Lavoisier (1743-1794), aan wie we de eerste isolatie van chemische elementen te danken hebben, ontdekten zijn opvolgers in de 19e eeuw bijna alle elementen. In 1869 classificeerde de Russische scheikundige Mendelejev (1834-1907) ze volgens hun atoomgewicht in zijn beroemde periodiek systeem.

Het gebied van de elektriciteit kende zelfs zijn eerste succes met de uitvinding van de batterij door Alessandro Volta (Italiaans natuurkundige, 1745-1827) in 1800. Uit deze uitvinding vloeiden vele andere ontdekkingen voort, zoals het principe van elektrolyse dat werd onthuld door Anthony Carlisle (Brits fysioloog, 1768-1840) en het elektromagnetisme dat werd ontdekt door André Marie Ampère (Frans natuurkundige, 1775-1836) en Michael Faraday (Brits scheikundige en natuurkundige, 1791-1867).

In de geneeskunde begon men in 1844 meer gebruik te maken van anesthesie dankzij de ether. Ook op het gebied van antibiotica en vaccins ging de vooruitgang door, met name door het werk van Louis Pasteur (Frans scheikundige en bioloog, 1822-1895).

Deze dorst naar kennis zette Europese intellectuelen er ook toe aan de verschillende gebieden van de wereld te verkennen om te begrijpen hoe deze functioneerde. Tot deze grote wetenschappelijke expedities behoorden cartografen, die verantwoordelijk waren voor de voortdurende verbetering van de kaarten van afgelegen gebieden, astrologen die door hun waarnemingen de kennis van het heelal uitbreidden, maar ook vele naturalisten die dier- en plantensoorten verzamelden en voortdurend ontdekten. Het hoofddoel was niet meer zozeer de ontdekking van nieuwe gebieden, maar de verdieping van het begrip van de wereld en alles wat zich daarin bevindt.

VÓÓR DARWINISME: FIXISME VS. TRANSFORMISME

Tot het begin van de 19e eeuw overheerste één idee: het creationisme. Volgens de Bijbelse voorschriften van Genesis werden alle soorten beschouwd als onveranderlijk, spontaan en onafhankelijk van elkaar ontstaan volgens de wil van God. Bovendien verschilde de geologische tijdschaal van die tijd nogal van die wij nu kennen. De schepping van de aarde vond namelijk plaats op zondag 23 oktober 4004 voor Christus, wat de evolutietheorie zoals wij die nu kennen niet mogelijk zou hebben gemaakt, omdat het zo'n korte tijd geleden was. Deze diep religieuze tendens werd in de wetenschappelijke wereld overgenomen door het Fixisme, dat stelt dat elke soort de eeuwen heeft doorstaan zonder te veranderen. Althans, zonder significante veranderingen te ondergaan. Het Fixisme won aan belang in de 18e eeuw met het werk van Carl Linnaeus (Zweedse natuuronderzoeker en arts, 1707-1778), die een classificatiesysteem voor soorten ontwierp door aan elk individu een Latijnse naam, een geslacht en een soort toe te kennen. Dit systeem, dat nog steeds wordt gebruikt, werd toen beschouwd als vast en onveranderlijk en als een afspiegeling van de oorspronkelijke indeling die door de Schepper was gewenst.

 # Een getimede berekening

De datum van de schepping van de wereld (zondag 23 oktober 4004 v. Chr.) werd in de 17e eeuw berekend door de Ierse aartsbisschop James Ussher (1581-1656). Hij stelde de chronologie ervan vast op basis van de Bijbel, die de hele mannelijke lijn vertelt van Adam, de eerste mens, tot Salomo (koning van Israël, 970-931 v. Chr.), rekening houdend met de vermelde leeftijd van elke afstammeling. Vervolgens legde hij het verband met de chronologie van de koningen van Israël en met perfect te dateren gebeurtenissen in die tijd in andere beschavingen, zoals van de Romeinen. Het was dit aftellen dat uiteindelijk leidde tot het jaar 4004 v. Chr. De maand en het jaar werden toen bepaald op basis van het begin van het Joodse jaar, dat voor dat jaar 23 oktober was. De dag van de zondag werd ook gekozen volgens de Joodse traditie. Volgens Genesis schiep God de wereld in zes dagen en rustte hij op de zevende dag, die voor de Joden overeenkomt met zaterdag, Sjabbat. Het begin van de schepping was dus een zondag, de eerste dag van de Joodse week.

In het begin van de 19e eeuw was het de Franse natuuronderzoeker Georges Cuvier (1769-1832) die de belichaming was van het fixisme. Paradoxaal genoeg was hij een van de wetenschappelijke grondleggers van de twee disciplines die enkele decennia later ten grondslag lagen aan de evolutietheorieën, namelijk de paleontologie (de studie van levende wezens aan de hand van fossielen) en de vergelijkende anatomie (verwantschapsstudies op basis van de anatomie). Ondanks de ontdekking van honderden fossielen stelde Georges Cuvier zich echter op als verdediger van het fixisme, omdat hij geloofde dat de gefossiliseerde soorten geen verband hielden met die van zijn tijd. Hij geloofde dat sommige verdwenen waren en andere geheel onafhankelijk waren ontstaan. Ter ondersteuning van zijn hypothese gebruikte hij een theorie die zich beriep op grote cataclysmen, waarvan de laatste de zondvloed was die door de ark van Noach werd overwonnen.

Hoewel het fixisme domineerde, werd een andere wetenschappelijke stroming uit de Oudheid in die tijd steeds belangrijker: het transformisme. In tegenstelling tot fixisten geloofden transformisten dat soorten in de loop der tijd waren veranderd als reactie op bepaalde omstandigheden. Het transformisme werd aangehangen door de grote naturalisten van de Verlichting, zoals Georges Louis Leclerc de Buffon (1707-1788), maar deze stroming zag zijn invloed pas echt toenemen met Jean-Baptiste Lamarck (Franse naturalist, 1744-1829). Volgens deze laatste ondergaan soorten veranderingen in een constante progressie naar meer complexiteit en vooruitgang. Hij maakte zelfs een wet – die nu achterhaald is – over de overerving van eigenschappen, waarin hij stelde dat de transformatie van een orgaan van generatie op generatie wordt doorgegeven, waardoor de soorten veranderen. Het bekendste voorbeeld om zijn bewering te staven was de giraffe, gedwongen zich te voeden met boombladeren, die geleidelijk zijn nek verlengde. De transformatie werd toen erfelijk. Hoewel de genetica in de 20e eeuw heeft aangetoond dat transformaties en mutaties van soorten veel complexer zijn, blijft Jean-Baptiste Lamarck toch een voorloper van de evolutietheorie.

CHARLES DARWIN

Charles Darwin, naturalist en grondlegger van de evolutietheorie, werd op 12 februari 1809 in Shrewsbury (Engeland) geboren in een rijke en goed opgeleide familie. Zijn grootvaders waren namelijk de arts, botanicus, zoöloog en dichter Erasmus Darwin (1731-1802) en de beroemde pottenbakker Josiah Wedgwood (1730-1795), en zijn vader, Robert Waring Darwin (1766-1848), was arts. Ondanks deze uitstekende familiecarrières had Charles Darwin weinig belangstelling voor school, wat tot uiting kwam in zijn cijfers. Hij was echter gepassioneerd door de natuur en begon al op jonge leeftijd planten en insecten te verzamelen.

In 1825, toen hij 16 jaar oud was, besloot zijn vader hem naar de universiteit van Edinburgh te sturen om medicijnen te studeren. Echter, deze studie verveelde en verafschuwde de jongeman zelfs, zodat hij twee jaar later vertrok. Toch kreeg hij daar zijn eerste lessen natuurgeschiedenis, die zijn passie voor plantkunde en zoölogie bevestigden. Aangezien de jonge Darwin een echte roeping leek te missen, stelde zijn vader hem voor dominee te worden, maar voor deze functie moest hij een diploma halen. Charles Darwin begon drie jaar te studeren in Cambridge, zonder veel enthousiasme, maar met de mogelijkheid om lessen 'plantkunde' te volgen. Hij raakte toen bevriend met professor John Henslow (Brits botanicus en geoloog, 1796-1861).

In 1831 behaalde hij uiteindelijk zijn Bachelor of Arts en op aanraden van zijn professor nam hij kort daarna deel aan een expeditie met Adam Sedgwick (1785-1873) naar het noorden van Wales. Deze ervaring vervolmaakte de naturalistische opleiding van Charles Darwin, die naast plant- en dierkunde nu ook vertrouwd was met geologie.

Toen hij de universiteit verliet, wilde hij geen dominee worden. In plaats daarvan droomde hij van avontuur en reizen, zoals de grote naturalisten van zijn tijd. John Henslow adviseerde de jongeman opnieuw en stelde hem voor als naturalist mee te gaan op de expeditie van de HMS *Beagle*, waarbij hij zelfs een aanbevelingsbrief stuurde naar de kapitein van het schip, Robert FitzRoy (1805-1865). Charles Darwin werd uiteindelijk gekozen en ging in december 1831 aan boord van het schip, nadat hij de goedkeuring van zijn onwillige vader had weten te verkrijgen. Hoewel de reis twee jaar zou duren, had de *Beagle* vijf jaar nodig om zijn missie te volbrengen. Deze reis was beslissend voor Darwin die, door het observeren, verzamelen en analyseren van alle soorten planten, dieren en mineralen die hij vond, de theorie begon te formuleren die hem later beroemd zou maken.

Terug in Engeland, realiseerde hij zich dat hij bekend was geworden in wetenschappelijke kringen. John Henslow had er inderdaad voor gezorgd dat de reiscorrespondentie van de jonge naturalist werd gepubliceerd. Met deze steun zag Charles Darwin de mogelijkheid om zijn brood te verdienen met zijn wetenschappelijk onderzoek en gaf hij zijn carrière als geestelijke definitief op. In 1839 trouwde hij, trad hij toe tot de *Royal Society* en publiceerde hij zijn reisverslag vanaf de *Beagle*, dat een theorie over de vorming van atollen bevatte.

In 1858 stuurde een andere natuuronderzoeker, Alfred Russel Wallace genaamd, hem zijn werk over een evolutietheorie die vergelijkbaar was met de zijne. Onder druk van zijn vrienden besloot Darwin uiteindelijk zijn werk te publiceren om Wallace voor te zijn. Op 24 november 1859 verscheen het boek *On the Origin of Species by Means of Natural Selection, or the Preservation of Favoured Races in the Struggle for Life* in de boekhandel. Het succes was er onmiddellijk.

Na deze publicatie werd het hele gebied van de biologie op zijn kop gezet en vonden er hevige debatten plaats binnen de wetenschappelijke gemeenschap. Charles Darwin bleef echter weg van de controverse en bleef zich wijden aan zijn onderzoek, publiceerde nog talrijke andere geschriften en verfijnde zijn theorie. Hij stierf op 19 april 1882 in Down, Kent.

ALFRED RUSSEL WALLACE

Alfred Russel Wallace was een op 8 januari in Usk (Wales) geboren natuuronderzoeker. Gefascineerd door de natuurwetenschappen ondernam hij van 1848 tot 1852 reizen naar Zuid-Amerika waar hij, net als andere naturalisten, allerlei soorten verzamelde, observeerde en onderzocht. Vervolgens vertrok hij in 1854 opnieuw naar de Maleisische Archipel en verbleef voornamelijk op Borneo.

Na zijn observaties kwam hij, net als Charles Darwin, al snel tot de conclusie dat dier- en plantensoorten het resultaat zijn van een lange evolutie, waarvan natuurlijke selectie de drijvende kracht is. Aangezien hij zijn ideeën onder ogen wilde zien, stuurde hij in 1858 zijn werk *On the Tendency of Varieties to Depart Indefinitely from Original Type* naar Darwin. Toen Darwin zag hoe ver het werk van Alfred Wallace gevorderd was, besloot hij onder druk van zijn vrienden zijn eigen theorie zo snel mogelijk te publiceren. Hoewel Wallace de voorrang van het werk van Charles Darwin erkende, bleef Alfred Wallace zijn leven lang de evolutietheorie dienen.

Hij overleed op 7 november 1913 in Broadstone (Engeland).

DE EVOLUTIETHEORIE

EEN REIS AAN BOORD VAN DE *BEAGLE*

Charles Darwin had zijn studie nauwelijks afgerond toen hij de kans kreeg om deel te nemen aan een wetenschappelijke expeditie van de Britse Admiraliteit op de *Beagle*. Onder leiding van kapitein Robert FitzRoy had de missie tot doel Patagonië en Vuurland verder in kaart te brengen, waarmee in 1826 was begonnen, en vervolgens de kusten van Chili, Peru en enkele eilanden in de Stille Oceaan te onderzoeken.

Darwin ging aan boord van de *Beagle* en vertrok op woensdag 27 december 1831, voor een periode van vijf jaar. De naturalist was 22 jaar oud op het moment van vertrek en beweerde later dat "de reis van de Beagle verreweg de belangrijkste gebeurtenis in zijn leven was en bepalend voor zijn hele carrière" (Darwin, 2002).

Ondanks zijn zeeziekte genoot de jonge naturalist van zijn missie op de *Beagle*. De commandant stond hem toe lange excursies naar de kust te maken, zodat hij alle soorten die hem ter beschikking stonden kon verkennen, verzamelen, bestuderen en naturaliseren. Na verschillende tussenstops en een lange Atlantische oversteek kwam het schip op 4 april 1832 aan in de baai van Rio. Daar werd een stop van twee maanden gepland, wat Darwin de volledige vrijheid gaf om zich in het regenwoud te wagen.

Gefascineerd door de ongelooflijke diversiteit in de natuur, werd de jongeman ook gegrepen door de chaos van het bos, waar het leven zij aan zij stond met dood en verval, en door de felle strijd tussen de soorten om te proberen te overleven. Deze aanblik was nieuw voor hem. Tot dan toe beschouwde iedereen het regenwoud als een prachtig Hof van Eden, waar de natuur goed was, volgens de goddelijke wil. Echter, daar ontdekte de naturalist het tegendeel. Overleven bepaalde het gedrag van individuen in deze vijandige omgeving. Darwin begon onvermoeibaar aan een algemeen onderzoek naar de levensomstandigheden van soorten en de verbanden tussen hen.

DE TIJD VOOR ONDERVRAGING

De *Beagle* hervatte zijn reis op 5 juli en kwam op 7 september aan in Bahia Blanca (ten zuiden van Buenos Aires). Tijdens een excursie ontdekte Charles Darwin fossiele botten. Hoewel hij er al enkele had gezien, was dit de eerste gelegenheid om ze in hun natuurlijke rustplaats te onderzoeken. Het viel hem toen op dat de botten in verschillende geologische lagen lagen, die een bodemverzakking aantoonden. Zijn aandacht bleef echter gericht op de resten van het reuzenzoogdier, dat verrassend genoeg overeenkomsten vertoonde met andere nog levende soorten, terwijl de voorschriften van Georges Cuvier anders luidden. Dit zoogdier, dat de naam Megatherium kreeg, was eigenlijk een reuzenluiaard die al 11.000 jaar was uitgestorven.

Deze ontdekking fascineerde Charles Darwin en voedde zijn gedachten. Was er een verband tussen de uitgestorven en de levende soorten? Zijn de huidige soorten het resultaat van een transformatie van de oudere soorten? Voor de naturalist was het nog te vroeg om dergelijke vragen te beantwoorden. Niettemin veranderden zijn steeds groeiende ontdekkingen en verzamelingen, die hij naar Engeland verscheepte zodra de gelegenheid zich voordeed, al zijn eerdere opvattingen over de wereld en de natuur.

In december 1832 bracht een nieuwe ervaring de naturalistische ideeën nog meer in beroering. De *Beagle* bereikte Vuurland en stond op het punt een missionaris en drie Fuegianen (inwoners van Vuurland) van boord te halen. Zij waren drie jaar eerder naar Engeland gebracht om onderwijs te volgen. Het doel van het experiment was hen terug te brengen naar hun oorspronkelijke stam om de rest van de bevolking te beschaven. Hoewel dit deel van de missie op een totale mislukking uitliep, diende het in hoge mate de overwegingen van de naturalist. Charles Darwin, die voor het eerst "primitieve" mensen ontmoette, was ontzet. Hij merkte hun elementaire levenswijze op, hun gedrag dat grensde aan wreedheid en hun strijd om te overleven in een precaire omgeving. Drie van hen waren echter opgeleid, wat bewees dat er geen intellectuele superioriteit was, zoals velen toen dachten, tussen "rassen" van mensen. Daarom was het de omgeving die de menselijke conditie beïnvloedde. Geconfronteerd met het schouwspel van wilde populaties over de hele wereld, stelde Charles Darwin vast dat de grens tussen mens en dier dunner was dan de theologen wilden geloven. Integendeel, Darwin zag de mens niet als een boven alles geplaatste goddelijke schepping, maar als een zoogdier tussen vele anderen.

Na verschillende reizen en stops in Patagonië passeerde de *Beagle* in juni 1834 de Straat van Magellaan. Op 23 juli bereikte hij Valparaiso, Chili. Charles Darwin maakte een eerste excursie naar de Andes en ontdekte tot zijn verbazing fossiele schelpen op 4 000 meter hoogte. Deze verontrustende ervaring deed hem beseffen dat de bodem door onbekende krachten sterk was opgeworpen. Bovendien moest een dergelijke gebeurtenis zich over een lange periode hebben voorgedaan, waardoor zijn ideeën over de geologische tijd uit de Bijbel in twijfel werden getrokken. De *Beagle* ging vervolgens terug langs de kust naar Valdivia (haven van Chili), waar hij in februari 1835 aankwam, alvorens in maart terug te keren naar Valparaiso, waar de naturalist voor een tweede maal de Andes verkende. In Valdivia werd Charles Darwin geconfronteerd met een hevige aardbeving, die hem de ongelooflijke kracht van de natuur deed beseffen en vooral de instabiliteit van een voortdurend veranderende wereld.

DE GALAPAGOSEILANDEN EN HUN VINKEN

Na Lima (Peru) bereikte de expeditie de Galapagoseilanden, waar Charles Darwin blij mee was. Deze fase van de reis was inderdaad cruciaal voor de naturalist in de ontwikkeling van zijn theorie. De *Beagle* kwam op 17 september 1835 aan op het eiland Chatham

en Darwin begon onmiddellijk met zijn verkennings-
tocht. Hij trok van eiland naar eiland en merkte dat er in
deze archipel soorten voorkwamen die nergens anders
te vinden waren. Tot de bekendste behoren de reuzen-
schildpadden, waarvan hij het vlees kon proeven, en de
leguanen, die hij verschillende keren in het water gooide
om hun waterbestendigheid te testen. Charles Darwin
was ook geïnteresseerd in de vogels van de eilanden,
namelijk de vinken, die vele jaren later dankzij hem
echt beroemd zouden worden.

Van de zesentwintig verzamelde soorten landvogels
leken de vinken op het eerste gezicht heel gewoon. Maar
na ze te hebben geobserveerd, onderscheidde Darwin
niet minder dan dertien soorten van deze kleine vogels
die zich onderscheidden door de grootte van hun snavel. Ze waren soms zeer ontwikkeld zoals een snavel,
soms veel dunner zoals een grasmus, en tussen de twee
uitersten zat een veelheid aan maten. Charles Darwin
zag het belang van het voorbeeld van de vinken pas veel
later in, toen hij zijn theorie aan het ontwikkelen was.
Zij zijn inderdaad een tastbaar bewijs van de variatie
van soorten.

Deze vogels stammen waarschijnlijk af van een
gemeenschappelijke voorouder op het Amerikaanse
continent, maar zijn in de loop der tijd veranderd om
zich aan te passen aan de barre omgeving van de
Galapagoseilanden. Aangezien het voedsel beperkt is,
zijn de soorten geëvolueerd met specifieke kenmerken,
gebaseerd op het beschikbare voedsel op elk eiland.
Sommige zijn zaadeters geworden, terwijl andere

insecteneters zijn. Echter, zelfs binnen de eerste categorie bestaan individualiteiten: sommige voeden zich immers met hardere, grotere zaden, die alleen met een sterkere snavel kunnen worden gespleten, terwijl andere zich voeden met kleinere zaden die gemakkelijker te eten zijn, wat de nodige verklaringen biedt voor de vele soorten snavels die bij deze vogels kunnen worden aangetroffen.

Ook nu nog worden Darwinvinken bestudeerd om de evolutie van de soort te observeren. Zo zien biologen in periodes van droogte, wanneer er minder voedsel is, een afname van de populatie kortsnavelvinken, omdat zij niet in staat zijn de grotere zaden te kraken, zoals de grootsnavelvinken, die zich met alles kunnen voeden. Deze ontdekking toont dus aan dat de meest aangepaste soorten zullen overleven boven de minder aangepaste. Hoewel Darwin niet sprak van natuurlijke selectie toen hij de vinken ontdekte, was hij toch overtuigd van de variatie van de soorten en de speciatie (vorming van nieuwe soorten).

Nu de missie van de *Beagle* ten einde liep, kon de terugkeer naar Groot-Brittannië eindelijk beginnen. Op 20 oktober 1835 verliet het schip de Galapagos en bereikte achtereenvolgens Tahiti, Nieuw-Zeeland en Australië. In april bereikte het de Cocoseilanden (eilanden in de Indische Oceaan), waar Darwin zijn theorie over de vorming van atollen ontwikkelde. Hij was ook gefascineerd door koraal, waarvan de verschillende takken de inspiratie vormden voor zijn evolutiebomen (waar de soorten in meerdere richtingen gaan). Na reizen via Mauritius, Kaapstad en het eiland St. Helena kwam het schip op 2 oktober 1836 aan in Groot-Brittannië. Tijdens de reis had Charles Darwin 770 pagina's aan aantekeningen gemaakt en 1 529 in alcohol bewaarde soorten en 3 907 "droge" soorten verzameld. Met zo'n grote hoeveelheid materiaal kon de naturalist nog jaren over zijn bevindingen nadenken.

HET OVERLEVEN VAN DE STERKSTE

Bij zijn terugkeer merkte Charles Darwin dat hij beroemd was geworden. Zijn brieven aan John Henslow waren inderdaad in wetenschappelijke kringen gelezen, waardoor hij een bekend man van de wetenschap was geworden. Hij begon onmiddellijk zijn verzamelingen te catalogiseren en vertrouwde ze zelfs toe aan vele deskundigen, om zoveel mogelijk informatie te verkrijgen. In februari 1837 kwamen de eerste resultaten, met name over de Galapagosvinken: er waren dertien verschillende soorten vinken, maar ze lagen allemaal heel dicht bij elkaar. Ondertussen werkte Charles Darwin aan zijn aantekeningen, die hij uiteindelijk in 1839 publiceerde. Uiteindelijk schreef hij van juli 1837 tot juli 1839 zijn eerste boeken over zijn theorie over het ontstaan van soorten.

Darwin bleef echter voorzichtig, in het besef dat zijn ideeën gevaarlijk waren voor die tijd. Daarom omringde hij zich, terwijl hij discreet bleef, met wetenschappers, maar ook met veehouders, tuiniers en kwekers om nieuwe bewijzen te verzamelen. Zijn theorie verschilde nu duidelijk van het creationisme, maar ook van het transformisme van Lamarck. Zo veronderstelde hij dat de transformatie van de soort niet gecontroleerd het resultaat is van de wens van een dier om zich te verbeteren, maar eerder een aanpassing aan zijn omgeving. Daarom waren het niet de giraffen die hun nek uitstrekten door het eten van bladeren in de bomen, maar waren het de giraffen met de langere nekken die meer voedsel hadden en dus overleefden. Door observatie en reflectie begreep Charles Darwin dat deze selectie de hoeksteen was van de transformatie van soorten.

Zo stelde hij vast dat fokkers van huisdieren minimale verschillen tussen bepaalde dieren konden vaststellen en kunstmatig de meest geschikte of de sterkste konden selecteren om zich voort te planten, waardoor de soort geleidelijk veranderde. In de natuur vindt deze selectie ook plaats, maar dat is natuurlijke selectie. Darwin begreep echter nog niet hoe deze selectie in de natuur plaatsvond. Wat was de oorzaak? Door zijn analyse en vooral zijn lectuur voort te zetten, vond hij het antwoord uiteindelijk in *An Essay on the Principle of Population* van Thomas Malthus (Brits econoom, 1766-1834), waarin de menselijke strijd om te overleven wordt voorgesteld. Toen Charles Darwin zich de felle strijd tussen soorten in het regenwoud herinnerde, besefte hij dat hij de reden voor natuurlijke selectie had gevonden: de strijd om te overleven. In een vijandige omgeving, waar de levensomstandigheden veranderen, zullen alleen de meest aangepaste overleven en zich voortplanten, waardoor de soort geleidelijk verandert. De naturalist had nu de basis van zijn theorie, maar zijn bezorgdheid over de revolutie die hij zou uitlokken verhinderde voortdurend het schrijven en publiceren van zijn boek.

HET ONTSTAAN VAN SOORTEN DOOR MIDDEL VAN NATUURLIJKE SELECTIE

Charles Darwin schreef de volgende twintig jaar (1839-1859) voortdurend. Hij schreef werken over atollen, vulkanische eilanden en zoölogie van zijn reis op de *Beagle*. In 1842 en 1844 schreef hij ook twee ontwerpen van zijn evolutietheorie, maar hij bleef onvermoeibaar bewijzen verzamelen alvorens aan publicatie ervan te denken. Ondertussen wijdde Darwin zich van 1846 tot 1852 aan de studie van zeepokken (schaaldieren) om zijn reputatie verder op te bouwen, terwijl hij doorging met zijn hoofdwerk.

Vanaf 1856 begon Darwin met het schrijven van zijn boek en in maart 1858 waren tien hoofdstukken voltooid, waaronder het hoofdstuk over natuurlijke selectie. De feitelijke publicatie ervan werd echter gehaast door een externe factor. Een andere naturalist, Alfred Wallace, stuurde Darwin zijn eigen werken, die sterk op de zijne bleken te lijken. Aangemoedigd door zijn vrienden presenteerde Darwin op 1 juli 1858 een voorbeeld van zijn werk samen met het essay van Alfred Wallace, maar verklaarde dat hij al sinds 1839 aan de theorie werkte. Hoewel het essay met de grootste onverschilligheid werd ontvangen, ging de naturalist door met het schrijven van zijn boek. Uiteindelijk publiceerde hij op 24 november 1859 zijn levenswerk: *On the Origin of*

Er kwam een geheel nieuwe evolutietheorie aan het licht. Volgens Charles Darwin waren de soorten niet onveranderlijk zoals het creationisme suggereerde, maar het resultaat van een langzaam evolutieproces vanuit een gemeenschappelijke voorouder. Hij stelde dat deze verandering werd gestuurd door natuurlijke selectie. Voor elke soort kunnen door toeval veranderingen optreden. Deze kunnen positief of negatief zijn, afhankelijk van de omstandigheden (milieu, klimaat, voedsel, camouflage, enz.). Natuurlijke selectie kan dan in werking treden. Als de evolutie beter is aangepast aan de huidige omstandigheden, zullen deze individuen meer kans hebben om te overleven en zich voort te planten, en zo hun specifieke eigenschappen doorgeven aan hun nakomelingen. De minder geschikte zijn gedoemd te verdwijnen. Deze verandering is dus constant. Zij heeft geen richting, doel of specifiek doel dat zou neigen naar meer vooruitgang, maar is gewoon het resultaat van een betere aanpassing.

IMPACT

RELIGIEUZE EN WETENSCHAPPELIJKE TEGENSTAND

De publicatie van *The Origin of Species kende* onmiddellijk succes, zozeer zelfs dat de eerste oplage van 1 250 exemplaren al snel op was. Tegen 1872 waren er zes edities van het boek, met extra informatie over herzieningen. Ondanks dit succes riep het werk veel controverses op. Door de krant openbaar gemaakt, begon in Groot-Brittannië een echt publiek debat over het naturalistische boek tussen evolutionisten en de Anglicaanse Kerk, waarbij de laatste in de wetenschappelijke wereld werd gesteund door de fixisten.

Het werk van Charles Darwin wekte inderdaad de toorn van de kerk, omdat het het bestaan van God wegliet of volledig ontkende. Volgens de opvattingen van die tijd was de hele schepping een daad van goddelijke wil, zoals de Bijbel leert. Evenzo werd het beeld van een overvloedige natuur volledig ondermijnd door Charles Darwin. In plaats daarvan stelde hij haar voor als woest, als de plaats waar natuurlijke selectie meedogenloos de sterkste bevoordeelt. Door wetenschappelijk te bewijzen dat er geen goddelijke tussenkomst ten grondslag lag aan het ontstaan van soorten en hun evolutie, ontkrachtte Charles Darwin het begrip God, en daarmee het geloof zelf. Toch zag de kerk zich in die tijd als de hoeder van de sociale orde. Het principe van de evolutie stond zelfs vijandig tegenover fixisten die net de onveranderlijke classificatie van soorten volgens het Linnaeïsche systeem hadden voltooid.

In het werk van Charles Darwin werd de vraag naar de mens en zijn oorsprong bewust ontweken. De auteur hoopte problemen te voorkomen, maar zijn stilzwijgen werd al snel geïnterpreteerd, en waarschijnlijk terecht, als een wens om geen onderscheid te maken tussen de mens en andere soorten. De mens staat niet boven de strijd, maar is net als de andere soorten onderworpen aan de wetten van de evolutie. Deze opvatting werd al snel teruggebracht tot het idee dat de mens uit apen is geëvolueerd – wat Charles Darwin in zijn boek nooit heeft beweerd.

De aanvallen van beide kanten leidden uiteindelijk tot een groot debat dat op 30 juni 1860 in Oxford werd gehouden. Darwin, die toen leed, nam niet deel, maar werd vertegenwoordigd door zijn vriend Thomas Huxley (Brits fysioloog, 1825-1895), terwijl de bisschop van Oxford, Samuel Wilberforce (1805-1873) sprak namens de religieuze kant. Het debat tussen de twee mannen was brutaal. De bisschop aarzelde niet om zijn tegenstander te vragen of hij via zijn grootvader van apen afstamde. Thomas Huxley antwoordde: "Als mij dan de vraag wordt gesteld of ik liever een ellendige aap als grootvader heb of een man die van nature zeer begiftigd is en over grote invloed beschikt en die deze vermogens en invloed alleen aanwendt om een ernstige wetenschappelijke discussie belachelijk te maken, dan geef ik zonder aarzelen de voorkeur aan de aap" (Continenza,

2004: 136). Aan het eind van het debat geloofde iedereen dat hij zelf de overhand had gekregen en zo bleven de controverses nog vele jaren voortduren. De ideeën van Charles Darwin verspreidden zich niettemin over de hele wereld en de wetenschappelijke vooruitgang gaf hem uiteindelijk gelijk.

Evenzo heeft de kerk uiteindelijk elke tegenstrijdigheid tussen de evolutietheorie en het geloof van tafel geveegd, nu zij van mening is dat de tussenkomst van God plaatsvond bij de geboorte van het universum, waaraan hij zijn wetten gaf. Andere, meer fanatieke religieuze groepen blijven echter ook vandaag nog de theorie van Charles Darwin ontkennen en geven de voorkeur aan een letterlijke lezing van de Bijbel. Deze groepen, creationisten genaamd, zijn vooral te vinden in de Verenigde Staten en Australië.

DARWINISME EN NEODARWINISME

Charles Darwin bleef weliswaar weg van debatten, maar zette toch zijn werk voort en gaf zo goed mogelijk argumenten ter ondersteuning van zijn theorie. Zo maakte hij nog vele andere publicaties die zijn beweringen ondersteunden of andere onderwerpen behandelden. In het besef dat hij het onderwerp niet eindeloos kon vermijden, pakte de naturalist ook de kwestie van de mens aan in *The Descent of Man, and Selection in Relation to Sex*, gepubliceerd in 1871, gevolgd door *The Expression of the Emotions in Man and Animals* het jaar daarop. In deze twee boeken plaatste Charles Darwin de mens onder de zoogdieren, die net als andere soorten van een gemeenschappelijke voorouder afstammen. Ook de mens is onderhevig aan evolutie. De naturalist zag de mens echter niet als het product van natuurlijke selectie, maar van een andere factor, namelijk seksuele selectie die, hoewel minder rigoureus, ook bij andere soorten voorkwam. De knapste en sterkste mannetjes hadden meer kans om zich voort te planten en nakomelingen te krijgen.

Hoewel zwaar bekritiseerd, had Charles Darwin ook enkele verdedigers, die vooral te vinden waren bij de jongere generatie naturalisten die zijn werk als revolutionair zagen op het gebied van de wetenschap. Het darwinisme, dat de evolutietheorie verdedigt, was geboren. Gedurende de laatste jaren van Darwins leven en nog lang daarna, zetten veel onderzoekers zijn werk voort. De kwestie van de mens stond nog steeds ter discussie, waardoor veel wetenschappers op zoek gingen naar de ontbrekende schakel, die hypothetisch het verband legde tussen aap en mens. In 1856 werden in Duitsland fossiele resten van *neanderthalers* gevonden. Voorstanders van Darwins theorie zagen dit al snel als een eerder stadium van de menselijke evolutie. Later, in de 20e eeuw, zouden ook andere fossielen de evolutie van de mens aantonen, van *homo erectus* tot *homo habilis*.

Ondertussen ontdekte de voorloper van de genetica, Gregor Mendel (1822-1884), in 1865 de wetten van erfelijkheid en genen, die de evolutietheorie versterkten, hoewel Darwin niet op de hoogte was van deze theorieën. In het begin van de 20e eeuw werden de werken van Mendel gekoppeld aan de evolutietheorie, waardoor het neodarwinisme of de "moderne evolutionaire syn-these" ontstond. Aangevuld met de genetica werd de theorie van Darwin onvermijdelijk en verklaarde perfect de overdracht van variaties van één individu op zijn nakomelingen. Genetica en de ontdekking van DNA-onderzoek verstoorden ook het onderzoek naar de men-selijke evolutie. Wetenschappers ontdekten dat de mens een neef was van de aap en geen directe afstam-meling. De zoektocht naar de ontbrekende schakel stopte ten gunste van de oudste gemeenschappelijke voorouder van mens en aap.

Hoewel Charles Darwin op 19 april 1872 stierf, is zijn baanbrekende boek nog steeds een van de belangrijk-ste werken uit de geschiedenis, dat diep ingrijpt in de wetenschappen en filosofische opvattingen over de natuur en de soorten, waaronder de mens. "Terwijl deze planeet verder cirkelt volgens de vaste wet van de zwaartekracht, zijn en worden uit zo'n eenvoudig begin eindeloos veel mooie en prachtige vormen geëvolu-eerd." (Darwin 2008).

SAMENVATTING

- Charles Darwin werd op 12 februari 1809 in Engeland geboren. Als arme student begon hij aan een studie om arts en dominee te worden, maar zonder echte belangstelling. Hij was echter gepassioneerd door de natuurwetenschappen en begon met het verzamelen van planten en insecten.

- Aan het einde van zijn studie kreeg de jongeman de kans om als natuuronderzoeker deel te nemen aan de expeditie van de *Beagle* rond de wereld. Hij nam het aanbod aan en begon zijn reis op 27 december 1831. Deze reis leidde ertoe dat Charles Darwin een vermaard natuuronderzoeker werd.

- In april 1832 ontdekte hij het regenwoud en was hij geschokt door de woestheid van de natuur en de strijd tussen de verschillende soorten om te overleven. Deze visie stond ver af van het idee van een overvloedige natuur volgens goddelijke wil. Deze ervaring veranderde Darwins denken voorgoed.

- De *Beagle* bereikte Vuurland in december 1832. Door de bestudering van de stammen van Vuurland zag Darwin zijn ideeën over de oorsprong van de mens volledig verstoord. Hij zag de mens niet als gescheiden van en boven andere dieren, maar als een zoogdier als ieder ander.

- In september 1835 bereikte de expeditie de Galapagoseilanden. Op deze eilandengroep kon de jonge naturalist het bewijs van soortvorming en variatie bewonderen via de vinken, waarvan hij niet minder dan dertien verschillende soorten ontdekte, onderscheiden door de grootte van hun snavel.

- Terug in Engeland in 1836, begon Charles Darwin onmiddellijk zijn aantekeningen te analyseren en zijn verzameling te catalogiseren, waarbij hij zelfs sommige verzamelingen aan verschillende specialisten toevertrouwde om zoveel mogelijk informatie te verzamelen. Tot 1839 schreef hij boeken over zijn evolutietheorie.

- Darwin verzamelde zoveel mogelijk bewijsmateriaal, omringde zich met vele specialisten en zette zijn onderzoek voort. Uiteindelijk legde hij de basis van zijn theorie door natuurlijke selectie te definiëren als de trigger voor evolutie en de strijd om te overleven als de drijvende kracht. Bezorgd over de impact die een dergelijke verstoring zou kunnen veroorzaken, nam Charles Darwin echter twintig jaar de tijd om zijn boek te schrijven.

- Nadat hij in 1842 en 1844 verschillende concepten had geschreven en in 1856 eindelijk echt begon te schrijven, kreeg Charles Darwin haast om de publicatie van zijn werk te voltooien. Een andere natuuronderzoeker, Alfred Wallace, was tot hetzelfde resultaat gekomen als hij en het risico bestond dat hij zijn theorie als eerste zou publiceren.

- Op 24 november 1859 werd de nieuwe evolutietheorie gepubliceerd onder de naam *On the Origin of Species by*

Means of Natural Selection. Het boek was zo succesvol dat het tot 1866 zes keer werd herdrukt.

- Het boek van Charles Darwin zorgde onmiddellijk voor controverse, vooral bij de vertegenwoordigers van de Anglicaanse Kerk. De naturalist zette niettemin zijn werk voort en pakte de kwestie van de oorsprong van de mens en zijn evolutie aan, waarbij hij de filosofische ideeën van zijn tijd voorgoed aan diggelen sloeg.

- Charles Darwin stierf op 19 april 1872.

MEER WETEN

BIBLIOGRAFIE

Bowlby, J. (1992) *Charles Darwin: Een nieuw leven*. New York: W.W. Norton & Company.

Brosse, J. (1999) *Les tours du monde des explorateurs. De grote zeereizen, 17641843*. Parijs: Bordas.

Continenza, B. (2004) *Darwin, l'arbre de vie*. Parijs: Pour la Science.

Darwin, C. (2002) *Autobiografieën*. Londen: Penguin.

Darwin, C. (2008) *On the Origin of Species*. Oxford : Oxford World's Classics.

Histoire universelle : le XIXe siècle en Europe et en Amérique du Nord (2007) *Création de l'Empire britannique*. Parijs: Hachette.

Histoire universelle : le XIXe siècle en Europe et en Amérique du Nord (2007) *La science romantique*. Parijs: Hachette.

Histoire universelle : le XIXe siècle en Europe et en Amérique du Nord (2007) *Positivisme et science expérimentale*. Parijs: Hachette.

Rice, T. (1999) *Voyages : trois siècles d'explorations naturalistes*. Neuchâtel: Delachaux en Niestlé.

Tort, P. (1997) *Darwin et le darwinisme*. Parijs: Presses Universitaires de France.

AANVULLENDE BRONNEN

Desmond, A. Moore, J.A. (1992) *Darwin*. New York: W.W. Norton & Company.

Ruse, M. (2008) *Charles Darwin*. Oxford: Blackwell.

Ruse, M. (eds.) (2013) *The Cambridge Encyclopedia of Darwin and Evolutionary Thought*. Cambridge: Cambridge University Press.

Ruse, M. en Richards, R.J. (2016) *Debating Darwin*. Chicago: University of Chicago Press.

Strager, H. (2016) *A Modest Genius: The Story of Darwin's Life and How His Ideas Changed Everything*. CreateSpace Independent Publishing Platform.

ICONOGRAFISCHE BRONNEN

Voltaïsche stapel, afbeelding uit het boek *Leçons de Physique* van Louise Margat-L'Huillier. Parijs: Vuibert et Nony, 1904. Royalty-vrije reproductie afbeelding.

Carl Linnaeus, gravure uit het boek *Famous Men of Science* van Sarah K. Bolton. New York: T. Y. Crowell & Co., 1889. Royalty-vrije reproductie foto.

Charles Darwin op 7-jarige leeftijd, door Ellen Sharples, 1816. Royalty-vrije reproductie foto.

Alfred Russel Wallace, 1908. Royalty-vrije reproductie foto.

De HMS Beagle in Vuurland door Conrad Martens. Dit schilderij werd gemaakt tijdens de reis van de *Beagle* (1831-1836). Royalty-vrije reproductie foto.

Darwin's vinken, 1845. © John Gould.

FILMS EN DOCUMENTAIRES

Darwin et la Science de l'évolution. (2003) [Documentaire]. Valérie Winckler. Dir. Frankrijk: Arte France, Trans Europe Film, CNRS Images.

Charles Darwin en de Levensboom. (2009) [Documentaire]. David Attenborough. Geschreven. UK: British Broadcasting Corporation, The Open University.

Creation. (2009) [Film]. Jon Amiel. Dir. UK: Recorded Picture Company.

Le Grand Voyage de Charles Darwin. (2009) [Documentaire]. Hannes Schuler en Katharina von Flotow. Dir. Frankrijk: Les Films du Paradoxe.

MUSEA EN HERDENKINGSMONUMENTEN

Down House, het huis van Charles Darwin, Down, Kent (Verenigd Koninkrijk).

Charles Darwin monument, Shrewsbury (Verenigd Koninkrijk).

Natural History Museum, Londen (Verenigd Koninkrijk).

Standbeeld van Charles Darwin in het Natural History Museum, Londen (Verenigd Koninkrijk).

We horen graag van u! Laat
een reactie achter op jouw online bibliotheek
en deel je favoriete boeken op sociale media!

De uitgever garandeert de betrouwbaarheid van de gepubliceerde informatie, die echter niet onder zijn verantwoordelijkheid valt.

Master ISBN: 9782808063951
Papier ISBN: 9782808064248
Wettelijk depot: D/2022/12603/69

Digitaal ontwerp: Primento,
de digitale partner van uitgevers.